La natu de cerca y de lejos

HOUGHTON MIFFLIN   BOSTON

Printed in the U.S.A.

ISBN-10: 0-54-734520-8
ISBN-13: 978-0-54-734520-8

2 3 4 5 6 7 8 9 10 0868 19 18 17 16 15 14 13 12 11 10
4500267994

Contenido

¡Qué habilidosa!.................... 3

El nido........................... 9

Zapi y Zupi...................... 15

Zazo goza en la loma 21

Kiko va con Papá 27

Un perrito para Wili 33

Amigos........................... 39

¡Qué pequeños son!................45

El bate de Ramón.................. 51

Wicho está feliz 57

La sorpresa.......................63

Arturo acampa.................... 69

Pasteles y más pasteles............75

Sixta, la ballena.................. 81

Una gran carrera..................87

Un lugar seguro...................93

La bici de Alan.................... 99

La temporada de las cometas.. 105

Las aves vuelan...................... 111

El doctor bueno 117

Listas de palabras **123**

¡Qué habilidosa!

por Yinet Martín

¡Qué habilidosa es Mamá Foca!
Ella sube a cada bebito a una
roca.

Mamá Osa es muy habilidosa.

¡Mira a sus pequeños!

Ella nada en el mar donde habitan.

—¡Dame comida, Mamá!
—le dijo su hijo pequeño.
—¡Yo agarraré el pececito!
—dijo un oso—. ¡Soy habilidoso!

¿Qué le pasa al bebito de Mamá?
Está temeroso y tiene frío.

—Dale, hijo —dice Mamá y le
guiña un ojo—, nada en el
agua. No te pasará nada.
Yo te ayudaré.

¿Qué le pasa al bebito de Mamá?
—Dale, hijo —le dice Mamá—,
sigue rápido por el lodo. No te
pasará nada. Yo te ayudaré.

Mamá Pata nada y nada
por el lago.
Ella roza una hoja.
Ella sacude la cabeza.
¡Ella es muy habilidosa!

El nido

por Yinet Martín

ilustrado por Joe Cepeda

Zulema está animada. ¡Llegó el verano!

Ya no hace frío. Ella ve un lago azul.

Zulema sigue a su vecina, Helena.

Zulema ve un nido en un hoyo.

—Es el nido de Mamá Pata —dijo
Helena.

—¿Qué pasará ahora? —preguntó
Zulema.

—Un patito asomará su cabeza
en un ratito —le dijo Helena.

—¡Mira, es un patito! ¡Qué bonito
color tiene! Será mi amiguito.
¿Pero dónde está su mamá?
—preguntó Zulema.
—Su mamá llegará en un ratito
—le dijo Helena.

—¡Mira, allí está Mamá Pata!
—dijo Helena.

—¿Sabe ella que ya tiene un hijo?
—preguntó Zulema.

—Seguro que sí. Lo ve todo
desde arriba —dijo Helena.

¿Qué lleva Mamá Pata
en su pico?
¡Es comida para su hijito!

Zapi y Zupi

por Yinet Martín

ilustrado por Piero Corva

Zapi señala en el mapa.

—Aquí es donde vive Sapo Hugo
—le dice a Zupi—. Llevo zanahorias
para el camino.

—Hola, Zorro —dice Zapi.

Zupi saluda con su gorra. Es de color azul. Zorro saluda con su gorra roja y sigue su camino.

—Hola, Oso —dice Zapi.

Zupi saluda con su gorra azul.

¿De qué color es la gorra de Oso?

—Hola, Pata. ¡Lindo día
para zambullirse en el río!
—dice Zupi—. ¿Dónde vive
Sapo Hugo?

—¡Vive aquí! —dice Pata. Pata le guiña un ojo.
Sapo Hugo reposa en una hoja.

—¡Tírate al agua, Zapi! —dice
Sapo Hugo.

—Me da pereza —dice Zapi—.
¡Hace mucho frío!

Zazo goza en la loma

por Aiztinay Ticino
ilustrado por Katherine Lucas

Zazo es un búfalo. Es de color café.

Es pequeño y peludo.

Zazo es hijo de Zuzu. Zuzu es el
papá de Zazo.
Zazo lucirá un día como su papá.

Zazo es hijo de Zuza. Zuza es su
mamá. Zazo no come un guiso.
Zazo come zacate como su mamá.

Zazo, Zuzu y Zuza habitan en
una loma.
Zazo sigue a Zuzu y a Zuza
por la loma.

El búfalo es un animal fabuloso.
Pero pesa mucho. No va rápido
ni es muy habilidoso.

Es un día luminoso.

Todo es colorido abajo.

Todo es azul arriba.

Zazo goza mucho en la loma.

Kiko va con Papá

por Aiztinay Ticino
ilustrado por Rick Brown

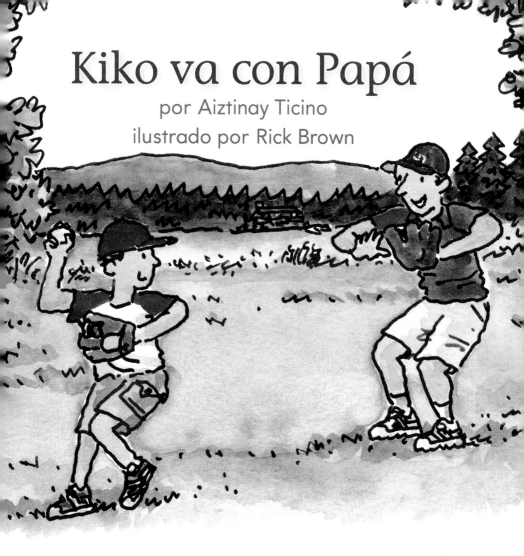

Sale el sol. Es un día claro. Kiko
está feliz. Va con su papá a
Lago México. Kiko le tira rápido
la bola.

Papá no la agarra. La bola le
pasa por arriba.
Kiko tira la bola muy rápido.

Papá oye un sonido raro.

Kiko oye un sonido raro.

Es un sonido así:

raka raka tuku tuku wi wi.

Raka raka tuku tuku wi wi.
Chiki chiki dixi dixi wi wi.
Papá se dirige al sonido.
Su hijo Kiko camina con él.

—¿Quién hizo esto? —preguntó
Kiko.

—Debe ser un animal habilidoso
que necesita un nido o una casita
de madera —dijo Papá.

—¡Sí! ¡Sí! —dijo Kiko—. ¡Míralo allí en el lago! No se ha mojado ni un poco. Está arriba de una pila de madera. ¡La hizo él solito!

Un perrito para Wili

por Olga Duque Díaz

ilustrado por Beth Spiegel

Wili está en su cama.

Wili les pide un perrito a

Mamá y a Papá.

Su papá lo mira con cariño.

Su mamá lo arropa.

—Claro que sí —dice Mamá.
—Claro que sí —dice Papá.
—¡Fabuloso! —dice Wili.

Wili miró cada perrito por la calle.

—Me gusta ese y ese y ese
—dijo Wili.

—¡Elige solo uno! —le dijo Mamá.

Wili se animó con cada perrito.

—¿Son todos para mí?

—preguntó Wili.

—¡Elige solo uno! —le dijo Papá.

Luego, después de un rato, un
perrito color caramelo se asomó
a la reja.

—¡Ese es mi favorito! —dijo Wili.

—Es muy rápido —dijo la señora
Roxana.

—¡Soy feliz! ¡Por fin he elegido
un perrito! —dijo Wili muy
gozoso—. Se llama Kiko.

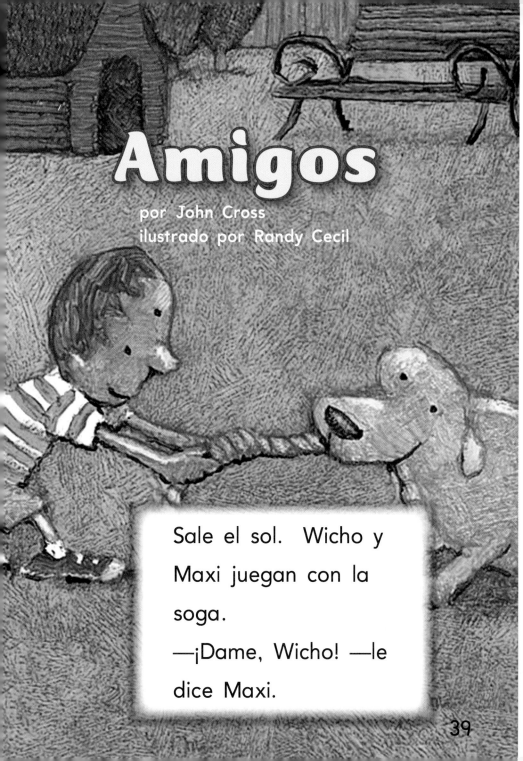

Amigos

por John Cross
ilustrado por Randy Cecil

Sale el sol. Wicho y
Maxi juegan con la
soga.
—¡Dame, Wicho! —le
dice Maxi.

39

Maxi se sienta y
reposa. ¿Reposa Wicho?
¡No, claro que no!

Luego llega Alexa. Alexa saluda
a su amigo Maxi. ¿Saluda Wicho a su
amiga Kika? ¡Sí, claro que sí!

—Tengo un juguete —dice Maxi—.
Lo acabo de pintar de rojo. ¿Quién lo
alcanzará primero, Wicho o Kika?

Kika es pequeña. No pesa ni cuatro
kilos. ¿Es Wicho habilidoso? ¡Sí, claro
que sí! ¡Míralo, casi agarra el juguete!
Caza como un lobo.

Maxi mima a Wicho. Alexa mima a Kika. ¡Maxi, Wicho, Alexa y Kika bailan!

¡Qué pequeños son!

por Olga Duque Díaz

Mira ese pollito. Mira ese gatito.
¡Qué pequeños son!

Mamá vela por cada cachorrito.
¡Qué pequeños son!

Sale el sol. Cada patito nada
con Mamá por el lago.
¡Qué pequeños son!

La pata examina el terreno.
Luego hace un nido. Está feliz.
Ella será mamá.

Ese gatito no pesa ni un kilo
y ya corre mucho.
¡Míralo! ¡Es lo máximo!

El águila bebé exige su comida
desde que nace.

Papá cazará. Mamá se quedará
en el nido y velará por cada hijo.

El bate de Ramón

por Aiztinay Ticino

ilustrado por Jennifer H. Hayden

En primavera, Ramón se puso
contento. Su papá le regaló
un bate.

Ramón es bueno con el bate.
Wanda lo anima. Kiko lo anima.
¡Jugar a la pelota es lo máximo!

El papá y la mamá de Ramón
miran el partido. No llueve. Es
un día hermoso.

Ramón resbala al llegar a la base.
Es una jugada difícil. Ramón se
daña la rodilla izquierda. Wili
termina en el piso.

Esta vez le toca el turno a su amigo Aldo López. Ramón lo anima: —¡Dale, Aldo, dale!

No importa que Ramón no tenga
su bate por ahora.
Él se pone a jugar con su papá.

Wicho está feliz

por Yanitzia Canetti
ilustrado por Maria Maddocks

Se va el invierno.
Llega la primavera.
Llueve mucho.
Wicho corre por la acera.

Wicho anda apurado.

Wicho corre como loco.

Wicho resbala en un charco.

¡Y Wicho se daña un poco!

Wicho anda cabizbajo.

Wicho anda lento.

Wicho sube por la loma.

¡Y Wicho no está contento!

Wicho llega a un lugar
muy bonito y decorado.
Allí ve algo lindo.
¿Será Kati Colorado?

Wicho salta felizmente.

¿Por qué será?

Wicho ve algo diferente.

¿Cuál elegirá?

A Wicho no le importa
si llueve o sale el sol.
Con su capa amarilla,
parece un girasol.

La sorpresa

por Lorenzo Lizárraga

ilustrado por Mircea Catusanu

Wendy le mandó a Salma un regalo dentro de una caja de cartón. Mamá la ayuda a sacarlo.

—¡Qué bueno! —dice Salma—. Es una mesita de madera.

Salma no usa su mesita todavía.

Papá nota que la mesita resbala.

Una pata está rota.

—¿Cuál de las patas está rota, Papá?

—La de la izquierda —dice Papá—.

Iré al cobertizo.

Allí tengo lo que necesito para
arreglarla.

—Yo te acompañaré —dice Salma.

Papá examina la mesita. Le falta
un tornillo. "Wi, wi, wi". Papá
hace girar el tornillo y lo coloca
en su lugar. Después de arreglar
la mesita, Papá dice:

—Mi amigo Kike me regaló una
mesita con un borde como este.

—La mesita está en el cobertizo —dice Papá.

—¿Hace mucho que tu mesita está en el cobertizo? —pregunta Salma.

—No hace mucho —dice Papá.

Papá y Salma corren al cobertizo.

Papá y Salma llegan al almacén. Papá
señala a su izquierda.

—¡Aquí está! —dice Papá—. La
mantengo aquí durante el invierno.
En la primavera, la llevo a casa.

—Tal vez esta mesita deba ir
junto a la tuya —dice Papá—.
Te la regalaré.

—¡Qué fabuloso, Papá! —dice
Salma muy feliz.

Arturo acampa

por Aiztinay Ticino
ilustrado por Barry Gott

Arturo mira un folleto con Mamá
y Papá. Esta primavera, él irá a
acampar.

Arturo no olvida que debe
hacer algo importante. Él debe
bañar a su perro Maxi y tirar
la basura.

Arturo baña a Maxi. Es
divertido echarle agua. Todavía
es pequeño y cabe en la tina.
Pero Arturo termina tan mojado
como Maxi.

Arturo va a tirar la basura. La
carga no pesa solo un kilo y
resbala fácilmente. Arturo se
empeña en no verter nada.

—Has hecho una linda labor,
Arturo —le dijo su mamá—.
Ahora te llevaré a tu lugar
favorito: ¡un campamento en
la montaña!

Finalmente, Arturo acampó con
Wanda, Wili y Kiko. ¡Qué bueno!
¡Estaba feliz!

Pasteles y más pasteles

por Aiztinay Ticino
ilustrado por Peter Grosshauser

A Tortuga le gustan los pasteles,
pero no sabe cómo hacerlos ni
dónde hallarlos. Hoy ha salido
a buscar ayuda.

Tortuga observa el camino.
Ella es activa, pero no avanza
rápido. Solo va pensando en
cómo hacer o hallar un pastel.

Tortuga ve un ave sobre un cacto.

—¿Sabes hacer un pastel?

—le preguntó Tortuga.

—No sé —dijo el ave—. Pero sé
dónde hallar uno.

—Soy experto en pasteles. Hago
tres por hora. ¿Están preparados
para ver un sitio espectacular?
—dijo Sixto con un ala extendida.

Sixto expuso sus pasteles en línea
sobre una repisa.

Tortuga pudo admirarlos.

—¿Podemos adquirirlos?

—preguntó Tortuga.

—Sí, están a la venta al público

—dijo Sixto.

Ave cargó con cuatro pasteles y
Tortuga cargó con cinco.

—No sé cómo hacer un pastel
—dijo Tortuga—. ¡Pero ya sé
dónde hallar los mejores pasteles!

Sixta, la ballena

por Aiztinay Ticino

ilustrado por Julia Woolf

Sixta es una ballena. Sus amigas
le dicen: —Nos saludas con
cariño. ¡Eres estupenda!

—No te podemos cargar. ¡Eres
enorme! —le dicen cuatro
ballenas que esperan en línea.
—¡Te admiro, Sixta! —dice una
ballenita amistosa.

Sixta es una ballena activa.
Hace cosas absurdas, pero
divertidas. Ella salta sobre las
olas con las aletas extendidas.
¡Observa lo que hace hoy!
Su público la admira.

Los animales marinos están
preparados para verla cada
mañana. Ella monta un
espectáculo. El lunes hace tres
maromas. El martes hace chistes.

El resto de la semana, Sixta hace
muchas actividades distintas.
El mar es un sitio fabuloso desde
que Sixta llegó.

Pero el domingo es el mejor día.
Sixta dirige un coro de ballenas.
Todas cantan. ¡Todas son
estupendas como Sixta!

Una gran carrera

por Aiztinay Ticino

ilustrado por Jerry Smath

Hoy es el día esperado. Todos están en
este sitio para observar la carrera. Los
participantes atan los cordones de sus
zapatos y se preparan para llegar
primeros a la meta.

87

Sixto y Calixto están preparados
para empezar la carrera. Han
practicado mucho para esta
competencia. Solo esperan la
señal. En sus marcas, listos... ¡a
correr!

Una línea divide la pista.

Sixto salta sobre la barra.

Calixto salta sobre la barra.

El público los observa y se entusiasma.

Edna y Estela participan
con sus patines. ¡Qué velocidad!
Edna es una experta.
Estela es estupenda.

Osmani y Osvaldo montan en
bicicleta. Cada uno lleva su casco.
La gente los admira.
¡Hay mucha actividad!

Al final, tres participantes
obtienen galardones azules.
Otros tres obtienen galardones
rojos. ¡Felicidades, ganadores!

Un lugar seguro

por Aiztinay Ticino

Un castor observa a su alrededor.
Busca una rama para hacer su
casita.

El castor es un animal muy activo.
Usa su dentadura para cortar
cada rama. Es un experto
carpintero.

Este sitio es un lugar seguro
para el castor. Estos lugares son
preparados con ramas y lodo,
sobre un extenso lago. Es un
estupendo escondite para el castor.

Los hijos de los castores descansan
en este lugar. Sus papás saben
que es un lugar seguro. Hoy
les enseñarán cómo se corta la
madera con los dientes. Un día,
ellos harán sus casitas.

Papá Castor le enseña a su hijo mayor cómo se corta una rama. El castorcito observa todo con interés. El castorcito admira a su papá.

El castor está activo en todo
momento. Debe velar por
sus hijos y por sí mismo.
Ya tiene un hogar seguro,
pero no deja de ser activo.
¡Qué fabuloso animal!

La bici de Alan

por Claire Coolidge
ilustrado por Jill Dubin

La bici de Alan es roja y tiene
rayas. Alan ha montado en
bici muchas veces. Ya es un
experto.

Alan monta su bici y va a la casa
de Ester. Su papá lo acompaña.
A Ester le va a gustar la bici de
Alan. La bici de Ester tiene los
mismos colores.

A Ester le encanta la bici de Alan.
—Me gustan las rayas. Mi bici
tiene rayas rojas. Se parecen a
las tuyas —dice Ester.

Alan, Papá y Ester siguen un
camino de tierra.

—Esos patos vuelan y andan en
grupo —observa Ester.

Papá, Ester y Alan reposan
después de cinco millas. Es
un recorrido largo.

—Es el final —dice Ester—.
Debemos volver a casa.

Ellos van a la casa de Ester.

—¿Podemos montar en bici
mañana? —dice Ester.

—Sí —dice Alan—. ¡Qué divertido!

La temporada de las cometas

por Zach Mathews

ilustrado por Chi Chung

Hoy no hace mucho sol. Pero no llueve. ¡Es la temporada de las cometas! ¡Qué divertido!

Un remolino lleva la cometa
arriba. La cometa tira del
hilo. Admiro los colores.

Observo la cometa activa.
Sube y baja muchas veces. Las
cometas bailan por las nubes.

Esta cometa es de mi amiga, Kati.

—Agarra el hilo, Kati. Debes
extender tus manos arriba. Ahora,
¡corre y corre!

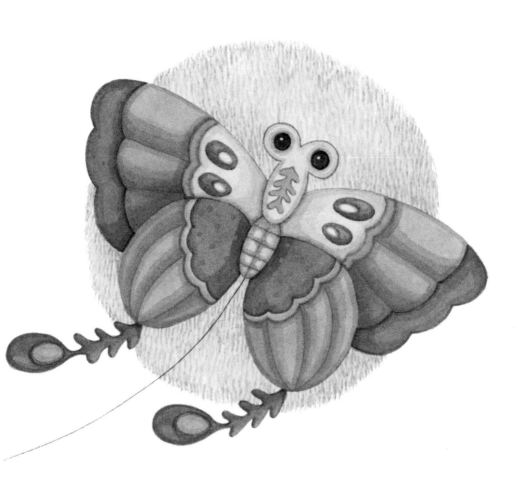

Desde la tierra, miro la cometa.
A veces las cometas vuelan
en grupos como las aves o
las mariposas.

Tengo que irme a casa. Nos
veremos luego. ¡Me encanta
la temporada de las cometas!

Las aves vuelan

por Amy Lang

Las aves vuelan. El cuerpo de esta
ave es claro. Sus alas son largas.
El tamaño y la forma de las alas
son diferentes en cada tipo de ave.

Las aves tienen nidos. Este nido es ancho. Es un nido grande. Las aves hacen sus nidos con ramas. Hacer un nido toma muchas horas.

Observa el nido en lo alto del edificio. Muchas veces es difícil de ver. Está muy lejos del suelo y cerca de los balcones.

En el nido ya no queda ni un huevo.
¿Ves las dos aves pequeñas? Mamá
y Papá les llevan ratones para comer.
Ahora no se parecen a Mamá ni a
Papá. ¡Pero van a ser enormes!

Es la hora de volar. Las aves
jóvenes se paran en el nido.
Observan lo que hacen las aves
adultas y las copian. ¡Ambas vuelan!

Esta ave es casi adulta. Está
lista para hacer un nuevo nido.
¿Dónde lo va a hacer?

El doctor bueno

por Vince Delacroix
ilustrado por Dave Klug

Félix se rasca la piel encima
de los ojos. Los ojos están
rojos. Parecen dos melones.
Llamaré al doctor.

Le digo al doctor lo que pasa.
Le digo que Félix se está
rascando los ojos. El doctor me
dice que debo llevar a Félix.

A Félix y a mí nos gusta este
doctor. El doctor no es como
otros doctores. El doctor nos
pone felices. Él nos da bombones.

Caminamos rápido por la tierra.
A veces, Félix se queja. Nos deja
saber que le pican los ojos. Félix
no para de caminar. Él no se
rasca los ojos.

El doctor examina todo el cuerpo.

El doctor observa los ojos.

—Mira este ojo —dice el doctor—.
Está rojo. Vamos a sanarlo.

Félix deja de moverse. Félix no
se queja.

El doctor le echa las gotas
necesarias. Félix se sentirá mejor.
Félix y yo estamos contentos por
la bondad del doctor.

Listas de palabras

Para usar con
Animales marinos

¡Qué habilidosa!

página 3

Palabras decodificables
Destreza clave: Sílabas abiertas con
za, **zo**, **zu** y **h**:
cabeza, habilidosa, habilidoso, roza

Destrezas enseñadas anteriormente:
agarraré, ayudaré, bebito, comida, dale,
dame, dice, dijo, ella, foca, lago, lodo,
mamá, mira, nada, no, ojo, osa, oso,
pasa, pasará, pata, pececito, pequeño,
rápido, roca, sacude, sigue, sube, te,
temeroso

Palabras de uso frecuente
Nuevas: agua, donde, frío,
habitan, mar, pequeños

Enseñadas anteriormente: a,
al, de, el, en, es, está, la, le,
muy, por, qué, soy, un,
una, y, yo

El nido

página 9

Palabras decodificables
Destreza clave: Sílabas abiertas con
za, **zo**, **zu** y **h**:
ahora, cabeza, hace, Helena, hijito, hijo,
hoyo, Zulema

Destrezas enseñadas anteriormente:
allí, animada, arriba, asomará, bonito,
comida, dijo, ella, lago, llegará, llegó,
lleva, mamá, mira, nido, no, pasará,
pata, patito, pico, ratito, sabe, seguro,
será, sí, sigue, su, todo, ve, vecina, ya

Palabras de uso frecuente
Nuevas: azul, color, donde,
frío

Enseñadas anteriormente:
de, desde, el, en, es, está,
hace, preguntó, qué, un

Zapi y Zupi

página 15

Palabras decodificables

Destreza clave: Sílabas abiertas con **za, zo, zu** y **h:**
hace, hoja, hola, Hugo, pereza, zanahorias, Zapi, Zorro, Zupi

Destrezas enseñadas anteriormente:
agua, aquí, camino, color, da, de, día, dice, donde, dónde, gorra, guiña, la, le, lindo, llevo, mapa, me, mucho, ojo, Oso, para, Pata, qué, reposa, río, roja, saluda, Sapo, señala, sigue, su, tírate, una, vive, zambullirse

Palabras de uso frecuente

Nuevas: agua, azul, color, donde, frío

Enseñadas anteriormente: a, al, aquí, con, de, dice, el, en, es, hace, mucho, nos, para, qué, un, una, y

Zazo goza en la loma

página 21

Palabras decodificables

Destreza clave: Sílabas abiertas con **za, zo, zu** y **h:**
goza, habilidoso, hijo, zacate, Zazo, Zuza, Zuzu
Destreza clave: Repasar sílabas abiertas con **q** y **gue, gui**
guiso, pequeño, sigue

Destrezas enseñadas anteriormente:
abajo, arriba, búfalo, café, colorido, come, como, día, fabuloso, loma, lucirá, luminoso, mamá, mucho, ni, no, papá, peludo, pesa, rápido, su, todo, va

Palabras de uso frecuente

Nuevas: azul, color, habitan

Enseñadas anteriormente:
animal, de, en, el, es, la, muy, un, una, y

Kiko va con Papá
página 27

Palabras decodificables
Destreza clave: Sílabas abiertas con
k, **x** y **w**:
chiki, dixi, Kiko, tuku, raka, wi

Destrezas enseñadas anteriormente:
agarra, allí, arriba, así, bola, camina,
casita, debe, día, dijo, dirige, habilidoso,
hijo, lago, madera, México, míralo,
mojado, necesita, ni, nido, no, oye, papá,
pasa, pila, poco, rápido, raro, sale, sí,
solito, sonido, su, tira, va

Palabras de uso frecuente
Nuevas: claro, feliz, sol

Enseñadas anteriormente:
al, animal, con, de, el, es,
está, hizo, la, muy, preguntó,
ser, un, una

Un perrito para Wili
página 33

Palabras decodificables
Destreza clave: Sílabas abiertas con
k, **x** y **w**:
Kiko, Roxana, Wili

Destrezas enseñadas anteriormente:
animó, arropa, asomó, calle, cama,
caramelo, cariño, color, dice, dijo,
elegido, elige, ese, fabuloso, favorito,
gozoso, llama, mamá, me, mira, miró,
papá, perrito, pide, rápido, rato, reja, se,
señora, sí, solo, su, todos, uno

Palabras de uso frecuente
Nuevas: claro, feliz, luego,
son

Enseñadas anteriormente: a,
con, de, después, en, es,
está, gusta, la, muy, para,
preguntó, soy, un, y

Amigos

página 39

Palabras decodificables

Destreza clave: Sílabas abiertas con **k, x** y **w:**
Alexa, Kika, kilos, Maxi, Wicho

Destrezas enseñadas anteriormente:
acabo, agarra, alcanzará, amiga, amigo(s), bailan, casi, caza, claro, como, cuatro, dame, de, dice, habilidoso, juegan, juguete, la, le, llega, lo, lobo, luego, mima, míralo, ni, no, pequeña, pesa, primero, que, reposa, rojo, sale, saluda, se, sí, sienta, soga, su, tengo

Palabras de uso frecuente

Nuevas: bailan, claro, luego, pintar, sol, tengo

Enseñadas anteriormente:
amigo, con, de, dice, el, es, un, y

¡Qué pequeños son!

página 45

Palabras decodificables

Destreza clave: Sílabas abiertas con **k, x** y **w:**
examina, exige, kilo

Destrezas enseñadas anteriormente:
águila, bebé, cachorrito, cazará, comida, corre, ella, ese, gatito, hijo, lago, lo, mamá, mira, míralo, mucho, nace, nada, ni, nido, no, papá, pata, patito, pesa, pollito, quedará, sale, se, será, terreno, vela, velará, ya

Palabras de uso frecuente

Nuevas: feliz, luego, sol, son

Enseñadas anteriormente:
con, desde, el, en, es, está, hace, la, pequeños, por, qué, un, y

El bate de Ramón

página 51

Palabras decodificables

Destreza clave: Sílabas cerradas con **l, m, n, r** y **z**:

al, Aldo, con, contento, difícil, el, en, hermoso, importa, izquierda, llegar, López, lugar, miran, partido, por, Ramón, tenga, termina, turno, un, vez, Wanda

Destrezas enseñadas anteriormente: ahora, anima, base, bate, dale, daña, día, jugada, jugar, Kiko, llueve, lo, mamá, máximo, papá, pelota, piso, pone, puso, regaló, rodilla, se, su, toca, Wanda, Wili

Palabras de uso frecuente

Nuevas: bueno, izquierda, llueve, primavera, resbala

Enseñadas anteriormente: al, amigo, con, de, el, en, es, la, un, una, y

Wicho está feliz

página 57

Palabras decodificables

Destreza clave: Sílabas cerradas con **l, m, n, r** y **z**:

algo, anda, cabizbajo, charco, con, contento, diferente, el, en, feliz, felizmente, girasol, importa, lento, lindo, lugar, por, salta, sol, un

Destrezas enseñadas anteriormente: acera, allí, amarilla, apurado, bonito, capa, Colorado, como, corre, daña, elegirá, Kati, no, llega, llueve, loco, loma, mucho, parece, poco, sale, se, será, si, sube, Wicho, va, ve

Palabras de uso frecuente

Nuevas: cuál, invierno, llueve, primavera, resbala

Enseñadas anteriormente: a, con, el, en, está, feliz, la, muy, por qué, un, y

La sorpresa

Palabras decodificables

Destreza clave: Sílabas cerradas con **l, m, n, r** y **z:**
acompañaré, al, almacén, arreglar(la), borde,
cartón, cobertizo, con, corren, cuál, dentro,
durante, en, falta, feliz, girar, invierno, ir,
izquierda, junto, llegan, lugar, mandó, mantengo,
pregunta, resbala, sacarlo, Salma, sorpresa, tal
vez, tengo, tornillo, un, Wendy

Destrezas enseñadas anteriormente:

allí, amigo, aquí, ayuda, bueno, caja, casa, coloca,
como, de, deba, dice, esta, está, este, examina,
fabuloso, hace, iré, izquierda, Kike, la, le, llevo, lo,
Mamá, madera, me, mesita, mi, mucho, necesito,
no, nota, Papá, para, pata, primavera, que, qué,
regalaré, regalo, regaló, rota, señala, su, te,
todavía, tu, tuya, una, usa, ya, yo

Palabras de uso frecuente

Nuevas: bueno, cuál,
invierno, izquierda,
primavera, resbala,
todavía

Enseñadas anteriormente: a,
al, amigo, aquí, con, de,
dentro, después, dice,
el, en, es, está, feliz,
hace, mi, mucho, muy,
para, qué, tengo, un,
una, y, ya

Arturo acampa

Palabras decodificables

Destreza clave: Sílabas cerradas con **l, m, n, r** y **z:**
acampa(r), acampó, algo, Arturo, bañar,
campamento, carga, con, divertido, echarle, él,
empeña, en, fácilmente, feliz, finalmente, hacer,
importante, labor, linda, lugar, montaña, olvida,
tan, termina, tirar, un, verter, Wanda

Destrezas enseñadas anteriormente: ahora,
baña, basura, cabe, como, debe, dijo, favorito,
folleto, hecho, irá, kilo, Kiko, llevaré, mamá,
Maxi, mira, mojado, nada, no, papá, pequeño,
perro, pesa, solo, su, tina, va, Wili

Palabras de uso frecuente

Nuevas: bueno,
primavera, resbala,
todavía

Enseñadas anteriormente: a,
con, divertido, en, es,
estaba, la, qué, una, y

Pasteles y más pasteles

página 75

Palabras decodificables

Destreza clave: Sílabas cerradas con **b, c, d, s** y **x**:
activa, admirarlos, adquirirlos, buscar, cacto, cargó, cinco, con, dónde, espectacular, están, experto, expuso, extendida, gustan, hacer(los), hallar(los), los, más, mejores, observa, pastel, pasteles, pensando, sabes, Sixto, soy, sus

Destrezas enseñadas anteriormente: avanza, buscar, cargó, cinco, dijo, ella, extendida, gustan, hacer(los), hallar(los), le, más, ni, observa, pastel, pasteles, pensando, podemos, por, preguntó, rápido, sólo, Tortuga, va, venta, ver

Palabras de uso frecuente

Nuevas: cuatro, hoy, línea, preparados, público, sitio, sobre, tres

Enseñadas anteriormente: a, al, cómo, con, el, en, es, para, una, un, ya

Sixta, la ballena

página 81

Palabras decodificables

Destreza clave: Sílabas cerradas con **b, c, d, s** y **x**:
absurdas, activa, actividades, admira, admiro, aletas, amigas, amistosa, animales, ballenas, cantan, cargar, chistes, con, cosas, desde, dicen, distintas, divertidas, eres, espectáculo, están, estupenda(s), extendidas, las, lunes, marinos, maromas, martes, muchas, nos, observa, olas, podemos, resto, saludas, Sixta, son, sus, todas

Destrezas enseñadas anteriormente:
amistosa, animales, ballenas, cantan, cargar, con, como, dicen, distintas, divertidas, día, domingo, en, enorme, eres, esperan, están, estupenda, estupendas, extendidas, fabuloso, llegó, marinos, maromas, mejor, monta, observa, olas, podemos, resto, salta, verla

Palabras de uso frecuente

Nuevas: cuatro, hoy, línea, preparados, público, sitio, sobre, tres

Enseñadas anteriormente: el, en, es, hace, mar, no, nos, para, pero, un, una

Una gran carrera
página 87

Palabras decodificables
Destreza clave: Sílabas cerradas con **b, c, d, s** y **x**:
actividad, admira, azules, Calixto, casco, cordones, Edna, entusiasma, en, es, esperado, esperan, esta, están, este, Estela, estupenda, experta, felicidades, galardones, ganadores, listos, los, marcas, observa(r), obtienen, Osmani, Osvaldo, otros, participantes, patines, pista, practicado, preparados, primeros, rojos, Sixto, sus, todos, tres, velocidad, zapatos

Destrezas enseñadas anteriormente:
al, atan, barra, bicicleta, cada, carrera, casco, competencia, con, cordones, correr, de, día, divide, el, empezar, final, gente, han, hay, hoy, la, línea, llegar, lleva, meta, montan, mucha, mucho, para, participan, preparan, público, salta, se, señal, sitio, sobre, solo, su, una, uno

Palabras de uso frecuente
Nuevas: hoy, línea, preparados, público, sitio, sobre, tres

Enseñadas anteriormente:
al, con, de, el, en, es, han, hay, mucho, para, qué, todos, una, y

Un lugar seguro
página 93

Palabras decodificables
Destreza clave: Sílabas cerradas con **b, c, d, s** y **x**:
activo, admira, alrededor, busca, carpintero, casitas, castor(es), castorcito, con, corta(r), dentadura, hijos, descansan, ellos, es, escondite, está, este, estos, estupendo, experto, extenso, hacer, interés, los, lugares, mismo, observa, papás, ramas, saben, sus

Destrezas enseñadas anteriormente:
alrededor, carpintero, debe, dentadura, descansan, día, enseña, enseñarán, escondite, estupendo, experto, fabuloso, lago, les, lodo, extenso, harán, hogar, interés, los, lugar(es), madera, mayor, mismo, momento, observa, por, ramas, saben, seguro

Palabras de uso frecuente
Nuevas: hoy, preparados, sitio, sobre

Enseñadas anteriormente: a, animal, cómo, con, de, el, es, está, la, muy, para, qué, son, un, una, y, ya

SEMANA 5

La bici de Alan
página 99

Palabras decodificables
Destreza clave: Sílabas cerradas con
CVC, plurales con **-s**, **-es** y **-ces**:
colores, las, millas, mismos, muchas,
patos, rayas, rojas, tuyas, veces

Destrezas enseñadas anteriormente:
acompañan, andan, camino, casa, cinco,
colores, debemos, después, dice, es,
Ester, experto, final, grupo, gustan, le,
millas, mismos, muchas, observa, papá,
parecen, patos, podemos, siguen, va

Palabras de uso frecuente
Nuevas: se parecen, tierra,
vuelan

Enseñadas anteriormente: a,
de, después, divertido, el,
es, la, qué, un, y, ya

La temporada de las cometas
página 105

Palabras decodificables
Destreza clave: Sílabas cerradas con
CVC, plurales con **-s**, **-es** y **-ces**:
aves, colores, cometas, las, manos,
mariposas, muchas, nubes, tus, veces

Destrezas enseñadas anteriormente:
activa, admiro, ahora, amiga, arriba,
aves, baja, colores, cometa, como, corre,
debes, desde, encanta, esta, extender,
las, los, lleva, llueve, manos, mariposas,
muchas, mucho, no, nos, nubes,
observo, remolino, sol, sube, temporada,
tira, tus, veces, veremos

Palabras de uso frecuente
Nuevas: grupos, tierra,
vuelan

Enseñadas anteriormente:
de, desde, divertido, el, en,
es, hace, hoy, la, luego, mi,
nos, qué, sol, tengo, un, y

Las aves vuelan

página 111

Palabras decodificables
Destreza clave: Sílabas cerradas con **CVC**, plurales con **-s, -es** y **-ces:** adulta(s), alas, ambas, aves, balcones, cerca, comer, con, del, diferentes, difícil, dónde, dos, enormes, forma, hacen, hacer, horas, jóvenes, largas, las, lejos, les, lista, llevan, los, muchas, nidos, observa(n), paran, parecen, pequeñas, ramas, ratones, ser, son, sus, tienen, van, veces, ver, ves, volar, vuelan

Destrezas enseñadas anteriormente: ahora, alto, ancho, cada, casi, claro, copian, cuerpo, de, edificio, el, en, enormes, es, esta, está, grande, huevo, lo, mamá, ni, nido, no, nuevo, papá, para, pero, que, queda, se, suelo, tamaño, tipo, toma, un, va, ya

Palabras de uso frecuente
Nuevas: cuerpo, huevo, nido, se parecen, vuelan

Enseñadas anteriormente: claro, con, de, el, en, es, está, muy, para, ser, son, tierra, un, va, y, ya

El doctor bueno

página 117

Palabras decodificables
Destreza clave: Sílabas cerradas con **CVC**, plurales con **-s, -es** y **-ces:** bombones, doctores, felices, gotas, melones, ojos, veces

Destrezas enseñadas anteriormente: bondad, caminamos, caminar, como, contentos, cuerpo, da, debo, del, dice, digo, doctor, dos, echa, encima, estamos, examina, Félix, gusta, llamaré, llevar, lo, los, me, mira, moverse, no, observa, para, parecen, pasa, pican, pone, que, queja, rápido, rasca, rascando, rojos, saber, sanarlo, se, vamos

Palabras de uso frecuente
Nuevas: cuerpo, necesarias, piel

Enseñadas anteriormente: a, al, de, el, es, está, la, nos, y